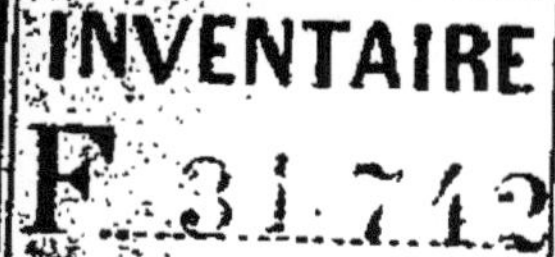

CODE

DE

L'ÉTUDIANT EN DROIT,

CONTENANT

L'ANALYSE DES LOIS ET RÉGLEMENS

SUR L'ÉTUDE DU DROIT.

NOUVELLE ÉDITION.

PARIS.

B. WARÉE AINÉ, LIBRAIRE-ÉDITEUR.

1843.

CODE

DE

L'ÉTUDIANT EN DROIT.

CHAPITRE I.

1. Les Écoles de Droit comprises par la loi du 11 floréal an X (1er *mai* 1802), sous le titre d'*Écoles spéciales*, dans le système complet d'instruction que cette loi réservait à la jeunesse française, n'ont été réellement établies et constituées que par la loi du 22 ventôse an XII (13 *mars* 1804), et le décret du 4e complémentaire (21 *septembre*) de la même année. C'est dans ces actes législatifs que se trouvent tracées les formalités relatives à l'admission dans les *Facultés de Droit* (1), au temps d'étude nécessaire, afin d'obtenir les grades qu'elles confèrent.

(1) La dénomination de *faculté* n'a été substituée à celle d'*écoles*, que par le décret du 17 mars 1808, contenant création et organisation de l'université ; toutefois nous emploierons ce mot pour plus d'uniformité dans les actes même antérieurs au décret de 1808. Les bases principales de l'organisation universitaire établie par ce décret sont les suivantes :

L'Université royale de France est composée d'autant d'académies qu'il y a de cours royales. (*Déc. du 17 mars* 1808, *art.* 4)

Les écoles appartenant à chaque académie sont placées dans l'ordre suivant : Les facultés, les collèges royaux et communaux, les pensions et institutions, les petites écoles ou écoles primaires. (*Ibid., art.* 5.)

Il y a cinq ordres de facultés, savoir : 1° de théologie ; 2° de droit ; 3° de médecine ; 4° des sciences mathématiques et physiques ; et 5° des lettres.

A la tête de l'Université est le Grand-Maître, ministre des affaires ecclésiastiques et de l'instruction publique, assisté d'un conseil, qu'on nomme conseil royal de l'instruction publique ; à côté de ce conseil se placent des inspecteurs généraux de l'Université. (*Ibid., art.* 6 et 3o.)

Chaque académie a un recteur ; le Grand-Maître est recteur de l'académie de Paris, auprès de laquelle le conseil de l'Université remplit les fonctions de conseil académique. (*Art.* 89.)

Il est établi au chef-lieu de chaque académie un conseil composé de

2. L'admission dans les Facultés de Droit ne peut avoir lieu avant l'âge de *seize* ans accomplis (1). (*L. 22 ventôse an XIII, art. 1.*) La durée des études pour obtenir le grade de *bachelier*, est fixée à *deux* ans; à *trois* pour celle de licencié; *une année* de plus est exigée de ceux qui aspirent au grade de *docteur en droit*; enfin, un *certificat de capacité* est accordé aux personnes qui justifient d'*une seule année* d'études, sauf dans tous ces cas à satisfaire aux autres conditions exigées par la loi. Ces conditions particulièrement relatives au genre d'instruction dont doivent faire preuve les aspirans aux grades, ont été successivement modifiées par suite de l'extension donnée à l'enseignement du Droit. (V. *chap.* II, § 1.)

3. Quant aux diverses parties de l'enseignement dans les Facultés de Droit, la loi du 22 ventôse portait, art. 2:

On y enseignera,

1° Le Droit civil français dans ses rapports avec l'ordre établi par le Code civil, les élémens du Droit naturel et du Droit des gens, et le Droit romain dans ses rapports avec le Droit français.

2° Le Droit public français et le Droit civil dans ses rapports avec l'administration publique.

3° La Législation criminelle et la procédure civile et criminelle comparée.

Nous ferons connaître ci-après les divers changemens apportés à cet enseignement et celui actuellement adopté dans la Faculté de Paris. (V. *page 4.*)

4. Les grades, dans les Facultés de Droit, sont au nombre de trois; nous les énumérons dans l'ordre de leur importance, en indiquant d'une manière générale les conditions exigées pour prétendre au diplôme:

1° DOCTEUR : après *quatre ans* d'étude, *six examens* et *deux thèses.* (*L.* 17 *mars* 1808, *art.* 6; *L.* 22 *ventôse an* XII, *art.* 11.)

2° LICENCIÉ : après *trois ans* d'étude, *quatre examens* et *une thèse.* (*Ibid., art.* 10.)

3° BACHELIER : après *deux ans* d'étude, et *deux examens.* (*Ibid.*, *art.* 9.)

Le *certificat de capacité* est accordé après *un an* d'étude et *un examen.* Ce certificat n'étant qu'un grade inférieur aux trois autres, les *docteurs, licenciés* et *bacheliers*, qui voudraient obtenir la charge d'avoué sont dispensés, en justifiant du diplôme de

dix membres nommés par le Grand-Maître. Des inspecteurs d'académie sont, sous les ordres du recteur, chargés de l'inspection, de la visite des écoles de l'arrondissement académique; à Paris, un inspecteur général est chargé spécialement de ce qui concerne l'administration de l'académie. (*Ibid., art.* 25.)

Dans chaque faculté, l'un des professeurs, sous le titre de Doyen qui lui est conféré par le Grand-Maître, est chargé de tout ce qui concerne l'administration de la Faculté, et a voix prépondérante en cas de partage dans les délibérations de la Faculté. (*Circulaire du Grand-Maître, du* 20 *octobre* 1820.)

(1) V. *au chap. Inscription*, les autres conditions imposées à ceux qui veulent prendre des grades dans les facultés.

ces divers grades, de produire le certificat de capacité (1); quant aux trois grades dont il a été parlé, il est à remarquer que le *premier* supplée ceux qui le suivent; car il les suppose, les cas exceptés, en e – fet, où le Grand-Maître accorde la faveur d'obtenir tel ou tel grade après examen sur les matières dont ce grade impose la connaissance; on n'est reçu docteur, par exemple, qu'après avoir successivement obtenu les diplômes de bachelier et de licencié.

5. Les fonctions ou professions auxquelles on ne peut être admis sans justifier des études et de l'obtention des diplômes des différens grades exigés, sont :

1° Fonctions ou professions pour lesquelles le grade de docteur en droit est exigé.	1° Président ou juge d'un concours devant une faculté de droit. (*Stat.* 31 *oct.* 1809, *art.* 27). 2° Professeur ou suppléant dans une faculté de droit. (*Déc.* 17 *mars* 1808, *art.* 31.)
2° Fonctions ou professions pour lesquelles le grade de licencié en droit est exigé.	1° Conseiller à la cour de cassation ou dans les cours royales. (*L.* 22 *vent. an* XII, *art.* 42.) 2° Juges dans les tribunaux de première instance. 3° Avocat à la cour de cassation. 4° Avocat.
3° Profession pour laquelle le certificat de capacité est exigé.	Avoué. (*L.* 22 *vent. an* XII, *art.* 26.) (2)

Le diplôme de licencié donne à celui qui l'a obtenu (après avoir prêté serment) le droit de plaider; cependant il n'appartient point à l'Ordre des avocats. Pour obtenir cet honneur, il faut que le *licencié* ou le *docteur* même, fasse un stage de trois années, suive avec assiduité les audiences et surtout les conférences, qui, à Paris, ont lieu dans le local de la bibliothèque des avocats, sous la présidence du bâtonnier. Ce temps d'épreuves achevé, le conseil de l'ordre, sur le rapport d'un de ses membres, admet ou ajourne le stagiaire dont l'inscription sur le tableau de l'Ordre n'a lieu qu'autant qu'il en a été jugé digne.

Le certificat de capacité, les diplômes des divers grades même, ne dispensent pas non plus ceux qui aspirent aux fonctions d'avoués, d'obtenir un certificat de la chambre des avoués du ressort où ils se proposent d'acheter une étude.

6. Les Facultés de Droit ont été organisées successivement dans le cours de l'an XIII et de l'an XIV. (*L.* 22 *vent. an* XII, *art.* 1er.)

Les Facultés de Droit constituées au nombre de neuf par la loi du 22 ventôse an XII, sont établies dans les villes dont les noms suivent :

(1) V. § 5, les fonctions pour lesquelles il faut justifier des connaissances juridiques.

(2) Cette disposition de la loi a été modifiée par un *arrêté* de la chambre des avoués de Paris, pour tout le département de la Seine, lequel porte qu'à partir du 1er novembre 1812, l'*admittatur* sera refusée aux candidats non *licenciés*.

Paris, Dijon, Grenoble, Aix, Toulouse, Poitiers, Rennes, Caen, Strasbourg. (*Déc. 21 sept. 1804.*)

CHAPITRE II.

§ 1er. *De la Faculté de droit de Paris, de son organisation et du cadre de son enseignement.*

§ 2. *Des Conditions générales pour être admis dans cette Faculté, soit comme étudiant, soit comme auditeur benévole.*

§ 3. *Cartes.*

§ 4. *Police des Cours.*

1. Depuis l'ordonnance du 24 mars 1819, la Faculté de Droit de Paris est divisée en deux sections formant un seul corps, sous le même Doyen, dont les membres se partagent indistinctement le travail des examens ou des thèses. Cette division n'eut d'autre but que de donner aux étudians, à l'égard de certaines cours, le choix entre deux professeurs.

L'ordonnance, en créant de nouvelles chaires, déclara dans laquelle des deux sections elles seraient placées.

Voici, d'après le rapport fait récemment à la Commission des hautes études du droit par le Ministre de l'instruction publique, la statistique des chaires existantes dans la Faculté de Paris.

INDICATION DES CHAIRES.	DATES DE LA CRÉATION.
Droit Romain............	*Deux :* dont *une* créée par l'ordonnance du 24 mars 1819.
Code Civil...............	*Six :* dont *trois* établies par la même ordonnance.
Législation criminelle et procédure civile et criminelle...............	*Deux :* dont *une* créée par ladite ordonnance.
Code de commerce......	*Une :* créée par le décret impérial du 29 août 1809, et donnée pour la première fois au concours, conformément à l'article 37 de la loi du 22 ventôse an XII.
Pandectes...............	*Une :* créée en 1822.
Droit administratif.....	*Une :* créée en 1819, supprimée en 1822, et rétablie en 1829.
Droit des gens..........	*Une :* créée le 26 mars 1829.
Histoire du droit romain et du droit français...	*Une :* créée le même jour.
Droit constitutionnel français...............	*Une :* créée le 22 août 1834.
Législation criminelle comparée (1)........	*Une :* créée le 12 décembre 1837,

(1) A l'exception de l'objet de l'enseignement de ce cours, les candi-

En comparant ce tableau avec l'indication que nous avons donnée au § 3 du chapitre précédent; *de l'objet de l'enseignement dans les écoles de droit, lors de leur établissement,* on appréciera dans quel sens ce plan a été modifié.

2. On ne peut être admis comme élève à suivre les cours de la Faculté de Droit, ou de toute autre, qu'après s'être fait inscrire régulièrement, au commencement de chaque année scolaire du 2 au 15 novembre, sur le registre tenu, à cet effet, au secrétariat de la Faculté (1). Toute personne désirant devenir étudiant, et qui réunit les qualités ci-après indiquées, vient *elle-même* inscrire son nom, déclarer en vue de quel grade elle commence son cours d'étude (2), et quels sont parmi les cours qu'elle doit suivre et qui sont doubles, ceux auxquels elle veut être inscrite. Le secrétaire lui donne acte de cette déclaration en lui remettant autant de cartes de formes et de couleurs différentes que l'étudiant doit suivre de cours (3).

3. L'étudiant signe ces cartes, ensuite les présente à chacun de ses professeurs, qui appose sa signature sur celle qui doit donner, au porteur *signataire,* l'entrée de son cours. (*Stat.* 9 *avril* 1825, *art.* 1, 3, 11.)

Quant aux cours qui durent plusieurs années, ces cartes doivent être échangées au commencement de chaque année scolaire contre de nouvelles, à l'égard desquelles on remplit les mêmes formalités. (*Ibid., art.* 18.)

Les personnes qui, sans devenir étudians, désirent néanmoins suivre les cours de la Faculté, peuvent obtenir cette faveur; il leur est délivré, *sans aucun frais,* sur l'autorisation spéciale des professeurs dont elles veulent suivre les leçons, une carte dite d'*auditeur bénévole,* qui est aussi signée par celui auquel elle est accordée et sur laquelle le Doyen fait ensuite apposer le sceau de la Faculté.

dats aux différens examens doivent répondre successivement sur toutes les parties de la science que ces chaires ont pour but de propager.

(1) Ce registre doit être coté et paraphé par le Doyen de la Faculté. (*Statut du 9 avril* 1825, *art.* 9). Quant à la durée du temps pendant lequel il reste ouvert, il faut remarquer que lorsque le 15 est un dimanche, ou un jour férié, le registre n'est clos que le lendemain. Il y a toutefois à Paris une raison spéciale de ne pas attendre les derniers jours pour s'inscrire : on pourrait perdre le droit de choisir entre les deux professeurs chargés du même cours, attendu que lorsque le nombre des élèves qui ont choisi un même professeur s'élève à cinq cents, il faut nécessairement s'inscrire sous l'autre professeur. (*Arrêté du* 13 *octobre* 1819, *art.* 5.)

(2) Cette déclaration est indispensable depuis l'ordonnance du 13 juin 1830, qui a décidé que les inscriptions, primitivement prises en vue d'obtenir un certificat de capacité, ne pourraient plus compter pour les grades supérieurs.

(3) Le prix de cette inscription est de *quinze* fr. ; l'étudiant peut exiger un reçu de cette somme (*déc.* 4e *complém.* an XII, *art.* 32), qui ne lui est rendue que dans un seul cas ; lorsqu'il est condamné à perdre le bénéfice de l'inscription par décision de la faculté ou du Conseil royal de l'instruction publique. (*Ord.* 5 *juillet* 1820, *art.* 21, 22).

Ces formalités remplies, cette carte sert à faire admettre aux cours le *porteur signataire* (1). (*Ibid., art.* 16)

Les étudians, ainsi que les auditeurs bénévoles, ne peuvent faire usage que des cartes qui leur ont été remises. Tout étudiant convaincu d'avoir prêté sa carte pourra être condamné à perdre une ou plusieurs inscriptions, et l'auditeur bénévole privé d'assister aux cours. (*Ibid., art.* 21.)

Tout individu qui assiste à un cours, doit, à la première réquisition qui lui en est faite par le professeur, exhiber sa carte d'admission. (*Ibid., art.* 19:)

Toute personne ayant perdu sa carte en obtient une autre au secrétariat de la Faculté, sur un bon des professeurs dont elle suit les cours, et l'approbation du Doyen.

En fait, depuis 1830, le principe de la publicité des leçons, posé dans l'article 169 du décret du 4e complémentaire an XII, est en pleine vigueur; l'entrée de la salle des cours ou des examens est libre, sauf la défense à toute autre personne qu'aux professeurs et aux étudians interrogés par eux de prendre la parole dans les auditoires ainsi que dans l'enceinte des Facultés (*ibid., art.* 32); mais les dispositions du réglement relatives aux conditions d'admission n'ayant point été modifiées, le Doyen de la Faculté peut en prescrire spontanément la stricte observation.

4. Tout étudiant inscrit à un cours doit y assister. (*Stat.* 9 *avril* 1825, *art.* 23).

Chaque professeur doit faire, au moins deux fois par mois, l'appel des élèves inscrits à son cours. (*Ibid.* 25.)

Tout étudiant convaincu d'avoir répondu pour un autre perd une inscription. (*Ibid.* 26.)

Le professeur constate le défaut d'assiduité des étudians inscrits à son cours; il en dresse une liste, la remet au secrétaire, et tout étudiant qui s'y trouve désigné deux fois dans un même trimestre ne peut obtenir le certificat d'inscription, et par conséquent être admis aux examens pour lesquels la production en est exigée. (*Ibid.*)

- Depuis plusieurs années ces dispositions réglementaires sont négligées; les professeurs s'abstiennent de faire les appels, de là l'impossibilité de constater efficacement l'assiduité des étudians et de s'assurer qu'ils ont rempli les obligations exigées par les réglemens pour l'admission aux examens (V. *chap.* IV); toutefois une décision de la Faculté, sanctionnée par le ministre de l'instruction publique, permet d'admettre aux examens ou actes publics tous les étudians dont le défaut d'assiduité n'est pas prouvé; les professeurs acquièrent cette preuve de la manière suivante :

- Chaque professeur se fait remettre à son cours, par le secrétaire de la Faculté, les certificats d'inscription des élèves qui doivent suivre ses leçons, et ne signe chacun de ces certificats qu'autant que l'étudiant qu'il concerne répond à l'appel de son nom. Les élèves dont

---

(1) Un registre particulier est présenté aux personnes qui désirent devenir auditeurs bénévoles : elles sont tenues d'y signer leur nom, y mettre leur adresse; *toute énonciation mensongère* peut donner lieu au retrait de la carte sans préjudice des peines du faux. (*Ibid.,* 8, 37.)

les certificats ne sont pas signés ne peuvent être admis aux examens ou actes publics.

Les professeurs délivrent aussi des certificats d'assiduité aux étudians autres que ceux qui sont obligés de suivre leurs cours, ainsi qu'aux *auditeurs bénévoles*, pourvu qu'ils prouvent de leur assiduité, de la manière qu'il convient au professeur de l'indiquer.

CHAPITRE III.

§ 1er. *Des Conditions requises pour être admis à s'inscrire dans une Faculté de Droit.*
§ 2. *Par qui l'inscription peut-elle être prise?*
§ 3. *Des Epoques où les Inscriptions peuvent être prises.*
§ 4. *Première Inscription.*
§ 5. *Inscriptions autres que la première.*
§ 6. *Cas où on peut prendre l'Inscription* APRÈS COUP *et être dispensé de prouver l'assiduité.*
§ 7. *Des Cas où ayant commencé à s'inscrire dans une Faculté, on veut alors terminer ses études, soit dans celle de Paris, soit dans toute autre.*

1. Nul n'est admis dans une Faculté :
1° S'il n'est âgé de 16 ans (1) ; (*L. 22 vent. an XII*).
2° S'il ne présente son acte de naissance ;
3° S'il n'a, en cas de minorité, le consentement de ses parens (2) ou tuteurs (3), à ce qu'il suive ses études dans la Faculté ; le domicile *actuel* desdits parens ou tuteur doit être indiqué dans l'acte énonçant ce consentement (4) ; (*Ord. 5 juillet 1820, art. 5.*)

(1) Seize ans *accomplis*. (*Déc. du 4e complém. an XII*). — Quelqu'impérative que paraisse cette disposition, il a été décidé, par arrêté du Grand-Maître, du 4 mai 1808, qu'un examen subi par un élève ne peut être considéré comme non avenu, par cela seul que la première inscription de cet élève aurait été annulée (comme prise avant l'âge de 16 ans), si, en défalquant cette inscription, l'élève avait encore, au moment de l'examen, le nombre d'inscriptions exigé par les règlemens.

(2) C'est-à-dire le consentement de son père ; à defaut de père, celui de sa mère, soit que celle-ci ait conservé la tutelle, soit qu'elle ne l'ait pas conservée. Dans le cas où la mère, quoique remariée, a été maintenue dans la tutelle, conformément à l'article 396 du Code civil, les enfans doivent obtenir, en outre, le consentement du co-tuteur, leur beau-père.

(3) A défaut de père et mère, l'autorisation du tuteur suffit.

(4) Dans le cas où les parens ou tuteur n'ont pas leur résidence dans le lieu où siège la Faculté, l'inscription n'est admise qu'autant que celui qui la requiert est présenté par une personne ayant son domicile dans le lieu où siège ladite Faculté; cette personne s'appelle un *répondant* (quelquefois un *correspondant*). Le secrétaire de la Faculté tient un registre spécial, destiné à recevoir le nom et l'adresse du répondant : c'est chez ce dernier que l'élève a son domicile de droit; aussi doit-il avoir soin de présenter une autre personne qui réponde pour lui, dans le cas où la

4° S'il ne présente enfin un diplôme de bachelier, délivré par une Faculté des lettres (1). (*Ibid, art.* 1. *Ord.* 9 *août* 1836, *art.* 1.)

2. Tout étudiant, convaincu d'avoir fait prendre sa première inscription par une autre personne, sera privé du bénéfice de cette inscription, ainsi que de toutes celles qu'il aurait prises postérieurement. Si la personne qui a pris l'inscription pour une autre est un étudiant, elle perdra toutes les inscriptions par elle prises, soit dans la Faculté où le délit a été commis, soit dans toute autre, sans préjudice des peines prononcées pour ce cas par le Code pénal. (*Statut du 9 avril* 1835, *art.* 6, 8 *et* 11.)

Aussi, dans les cas où une maladie grave empêcherait une personne voulant s'inscrire de se présenter au secrétariat de la Faculté pour y prendre son inscription, le secrétaire se transporterait à son domicile, pourvu que la demande lui en fût adressée avant les derniers jours de la quinzaine pendant laquelle le registre demeure ouvert à chaque trimestre. (Voy. *Chap. II.* § 2, *note* 1re.)

3. Dans les Facultés de Droit, la première inscription d'un étudiant devra être prise au commencement de l'année scolaire, c'est-à-dire à partir du 2 novembre de chaque année (*Arrêté du gouvernement du* 20 *prairial an* XI (9 *juin* 1803, *art.* 2) jusqu'au 15 et jusqu'au 16 inclusivement, quand le 15 se trouve être un dimanche ou une fête chômée. (*Statuts du* 9 *avril* 1825, *art.* 1 *et* 2.)

4. REMARQUE. « A partir du 1er novembre 1836, nul ne pourra « être admis à prendre sa première inscription dans une Faculté, à « quelque titre que ce soit, s'il ne justifie du diplôme de bachelier « ès-lettres. Sont exceptées les inscriptions dites de *capacité*. » (*Ord.* 9 *août* 1836, *art.* 1er.) Depuis cette époque, on n'admet plus les demandes tendantes à prendre une première inscription, sous la condition que l'impétrant produira le diplôme de bachelier ès-lettres avant la deuxième inscription.

5. La première inscription une fois prise, l'étudiant doit continuer à s'inscrire régulièrement tous les trimestres (2), sans se permettre

personne d'abord présentée vient à changer de résidence où à décéder; faute par l'étudiant de remplir cette formalité, les inscriptions par lui prises postérieurement à la mort ou au départ de son répondant, pourront être annulées. — Les logeurs et maîtres d'hôtels garnis ne peuvent être présentés comme répondans des étudians dans les Facultés, qu'autant qu'ils y seront autorisés formellement, *et par écrit*, par les familles de ces étudians : ces autorisations demeureront au secrétariat de la Faculté. (*Statut du* 9 *avril* 1825, *art.* 7.)

L'étudiant est en outre tenu de déclarer, en s'inscrivant, sa résidence réelle, et, s'il vient à en changer, d'en faire une nouvelle déclaration. (*Ord.* 5 *juillet* 1820, *art.* 6 *et* 7.)

(1) Sont exceptées les inscriptions dites de *capacité*. (*Statut du* 9 *avril* 1825, *art.* 6 *et* 8.) (*Voyez* ci-après article *Grades*).

(2) Le registre des inscriptions est ouvert, à cet effet, dans toutes les Facultés, les 2 novembre, 2 janvier, 1er avril et 1er juillet de chaque année, et clos irrévocablement le 15 des mêmes mois, sauf le cas prévu dans la note 1re du § 1er. (*Statut du* 9 *avril* 1825, *art.* 1 *et* 2.)

aucune interruption ; car, dans le cas où il aurait laissé passer un trimestre sans s'inscrire, il ne pourrait prendre l'inscription sui vante, qu'autant que la Faculté l'y aurait autorisé ; et non-seulement la Faculté pourrait le contraindre à s spendre le cours de ses ins criptions, mais elle pourrait meme le priver de quelques-unes d'entre elles. (*Ord. du 4 octobre* 1820, *art.* 8.)

La circonstance que l'on aurait interrompu le cours de ses in – criptions, n'est pas la seule qui puisse augmenter la durée du temps d'études, car la *septième* inscription ne peut etre prise qu'autant que l'étudiant a subi le premier examen ; et la *onzième*, qu'autant qu'il a subi le deuxième. (*Statut du 9 avril* 1825, *art.* 40) Une f is que les deux premiers examens ont été subis, l'eleve peut prendre ses douze inscriptions, s'il n'aspire qu'au grade de licencie, ou ses seize, s'il veut etre docteur sans justifier d'aucun examen subsé-quent (:).

6. Les *étudians* en droit qui justifieront, par des certificats en bonne forme, q 'à l'époque du renouvellement de leur inscription ils étaient tenus eloignés de la Faculté, par suite des operations de la conscription militaire, po rront obtenir du Conseil royal la faveur de s'inscrire hors des délais, et de la Faculté, la dispense de l'assi-duité pendant tout le temps que ces o erations auront rendu leur presence impos ible aux cours. (*Déc.* 23 *avril* 1807.)

On remarquera : 1° que le décret ne parle q e du renouvellement de l'inscription ; les personnes non inscrites ne pourraient donc ré-clamer le benéfice pour une inscription *première ;*

2 Que le Con eil royal comme la Faculté n'accordent la faveur susmentionnee qu'autant que celui qui la réclame pr uve n'être de-meure dans son d partement que le temps *rigoureusement néces-sair* aux operations du tirage.

7. Les inscriptions prises dans les Facultés de province serviront à justifier et à compléter le temps d'etude dans la Faculté de Paris, pourvu qu'elles appartiennent à des trimestres différ ns (*Décr.* 4 *compl. an XII, art.* 3), et sauf à justifier q e les examens qui doivent êtr subis avant telle ou telle inscription l'ont eté en effet.

Toute personne peut poursuivre, dans tell Faculté qu'il lui convient de choisir, le c urs des inscriptions qu'elle a comme cé à prendre dans une autre Faculté, pourvu qu'elle prod ise un certi-ficat de bonne conduite délivré par le Doy u de la Faculté d'où elle sort, et vise par le recteur. (*Ordonn.* 5 *juill.* 1820, *art.* 16.)

(:) L'étudiant qui veut obtenir de prendre la septième ou la onzième inscript on avant d'avoir passé son premier ou deuxième examen, doit en faire la demande au Ministre de l'instruction publique, qui renverra cette demande au Doyen de la Faculté ; le p titonnaire fera bi n de pré-venir les professeurs dont il a suivi les leçons, de la demande q 'il a formée, afin que cette demande soit appuyée lorsqu'elle sera soumise à l'assemblée des professeurs qui a lieu le jeudi de chaque semaine, pour se consulter entre eux sur l'admission ou le rejet des demandes de cette nature.

CHAPITRE IV.

§ 1er. *Répartition entre les différentes années d'études des diverses parties de l'Enseignement fait dans la Faculté de Droit de Paris. — Cours.*

§ 2. *Programme des Examens, et de l'Objet des actes publics.*

§ 3. *De la Consignation et des autres formalités à remplir pour passer un examen ou soutenir thèse.*

§ 4. *Epoque où les divers examens ou thèses peuvent être subis et à quelles conditions.*

§ 5. *Du Vote des examens.*

§ 6. *Des Thèses en particulier, de l'époque où l'élève est admis à tirer au sort, la matière qui doit en faire l'objet; de la manière de la rédiger et de l'indication du jour où elle sera subie.*

§ 7. *Cas où l'élève est ajourné, soit à un examen, soit à l'acte public.*

1. La loi du 22 ventôse an XII s'était contentée d'indiquer, comme objet d'enseignement et devant faire l'objet des examens, telle ou telle des grandes divisions du droit, qui ont donné lieu à la distinction des cours; des ordonnances, des arrêtés, et dans la plupart des cas des décisions de Faculté, ont désigné successivement les matières sur lesquelles les étudians seraient tenus de répondre à leurs examens, et ce qui ferait l'objet principal de l'enseignement de telle ou telle année.

Voici, à cet égard, les règlemens suivis dans la Faculté de Droit de Paris.

ENSEIGNEMENT.

PREMIÈRE ANNÉE : Comprend les deux premiers livres du Code civil, jusqu'aux Successions exclusivement (art. 1 à 710), et les Institutes de Justinien. (*Deux Cours.*) (1)

DEUXIÈME ANNÉE : Comprend les titres du Code civil, depuis les Successions jusqu'au Contrat de Mariage (art. 711 à 1386); le Code de Procédure civile, le Code d'Instruction criminelle, le Code pénal, et un ou plusieurs titres des Pandectes. (*Trois Cours.*)

TROISIÈME ANNÉE : Comprend la fin du Code civil (art. 1386 à 2281); les matières les plus importantes du Droit administratif, et tout le Code de Commerce. (*Trois Cours.*)

QUATRIÈME ANNÉE : Comprend l'Histoire du Droit français et du

(1) L'un de ces Cours, celui de Code civil, dure trois ans : c'est le seul des Cours faits à la Faculté qui ne s'achève pas dans les limites de l'année scolaire. Mais afin que les personnes qui commencent chaque année l'étude du Droit puissent s'inscrire au commencement d'un Cours de Code civil, les chaires auxquelles cette partie de l'enseignement est affectée, sont triples; depuis 1820, il y a même deux professeurs qui commencent chaque année l'explication du Code civil : l'élève qui s'inscrit pour la première fois peut choisir entre ces deux cours.

Droit romain, le Droit de gens positif, le Droit constitutionnel, deux Cours du Code civil, au choix de l'étudiant. (*Quatre Cours.*) (1)

EXAMENS.

2. **PREMIER EXAMEN** (*premier de baccalauréat*). Le candidat doit répondre sur les deux premiers livres du Code civil et les deux premiers des Instituts de Justinien. (*Trois professeurs interrogent.*

DEUXIÈME EXAMEN (*dernier de baccalauréat*). Le candidat doit répondre sur le troisième livre du Code civil, depuis l'article 711 jusqu'à l'article 1387 exclusivement ; il doit, en outre, répondre sur le Code de Procédure civile, moins quelques chapitres, et sur les matières les plus importantes du Code d'Instruction criminelle et du Code pénal. (*Quatre professeurs interrogent.*)

TROISIÈME EXAMEN (*premier de licence*). Le candidat doit répondre sur toutes les Instituts de Justinien, et sur un ou plusieurs des titres du Digeste : ceux que le professeur de Pandectes aura expliqués pendant l'année que l'étudiant aura suivi ce cours. (*Quatre professeurs interrogent.*)

QUATRIÈME EXAMEN (*dernier de licence*). Le candidat doit répondre sur la fin du Code civil (art. 1387 à 2281), sur tout le Code de Commerce et les matières les plus importantes du Droit administratif (2). (*Cinq professeurs interrogent, dont un suppléant.*) (*Ord. du 24 mars 1819, art. 4*).

THÈSE sur le sujet que le sort aura dévolu au candidat. (*Cinq professeurs, dont un suppléant, argumentent le candidat.*) (*Ord. du 24 mars 1819, art. 4*).

CINQUIÈME EXAMEN (*premier de doctorat*). Le candidat est tenu de répondre sur tout le Droit romain, et sur les titres de Pandectes qui auront été expliqués par le professeur de Pandectes, qu'il a suivi lors de sa deuxième année : les interrogations, sur ce point, sont poussées beaucoup plus loin qu'au troisième examen. (*Cinq professeurs, dont un suppléant, interrogent.*) (*Ord. du 24 mars 1819, art. 4*).

SIXIÈME EXAMEN (*dernier de doctorat*). Le candidat est tenu de répondre sur toutes les matières d'enseignement de la quatrième année :

1° Sur l'histoire du Droit français et du Droit romain ;

2° Sur le Droit des gens positif ;

3° Sur le Droit constitutionnel ; (*Arrêté du 6 octobre 1835.*).

4° Deux fois sur le Code civil. (*Six professeurs, dont un suppléant, interrogent.*) (*Ord. du 24 mars 1819, art. 4*).

THÈSE sur le sujet que le sort aura dévolu au candidat. (*Cinq*

(1) Les élèves de quatrième année, c'est-à-dire les aspirans au doctorat, peuvent en outre suivre tous les autres Cours. (V. *chap* II, n° 2, *des Conditions générales pour être admis à suivre les Cours d'une Faculté.*)

(2) Voyez dans l'*Appendice*, au chapitre suivant, l'indication détaillée des matières sur lesquelles portent les interrogations au deuxième et au quatrième examen, ainsi que le programme des Cours de la Faculté de Droit de Paris.

professeurs, dont un suppléant, argumentent le candidat.)
(*Ord. du 24 mars 1819, art. 4*).

EXAMEN DE CAPACITÉ. Il a lieu après une année d'études : le candidat est tenu d'y répondre sur toutes les matières qui font l'objet du deuxième examen. Les cours qu'il a dû suivre étant ceux de la deuxième année. (*Quatre professeurs interrogent.*)

Un arrêté du Conseil royal, du 24 novembre 1829, porte que l'étudiant d'une Faculté de droit de département, qui se présente devant la Faculté de droit de Paris pour soutenir ses examens, doit satisfaire aux conditions exigées par le programme de ces examens, dans la Faculté où il les vient subir ; la Faculté de droit de Paris, étendant cette règle, a décidé que lorsqu'elle juge convenable de modifier le programme des examens qui ont lieu devant elle, les étudians doivent satisfaire aux conditions nouvelles de ce programme, encore bien que les modifications qui y ont été apportées soient postérieures à l'époque où ces étudians réunissaient d'ailleurs toutes les autres conditions exigées pour leur admission à l'examen.

3. Le premier soin de l'élève qui croit avoir le temps d'étude et l'instruction nécessaires pour subir une épreuve, c'est de s'assurer qu'aucun certificat d'assiduité ne lui est refusé. (*Statut du 9 avril 1825, art. 27.*)

Il doit ensuite consigner, au secrétariat de la Faculté, les frais de l'épreuve à laquelle il se présente. (*Déc. 4 compl. an XII, art. 59.*)

Les jours fixés pour les consignations, sont les *lundi, vendredi* et *samedi* de chaque semaine; sauf les modifications que peut nécessiter à la fin de l'année scolaire, la multiplicité des examens et des thèses; ces modifications sont annoncées par des affiches.

Le secrétaire-caissier donne à l'étudiant quittance de sa consignation, et l'avertit de se trouver à l'école à l'époque fixée par la Faculté pour qu'il soit *donné jour*.

Dans l'intervalle, le secrétaire fait sur les registres le relevé des inscriptions qui ont été prises par l'élève, et envoie ce relevé aux professeurs dont cet élève a dû suivre les cours, pour que ceux-ci indiquent en marge s'ils ont des preuves de son *inassiduité* et s'ils lui refusent un ou plusieurs trimestres. (Voy. *Chap. 2, § 4, 6ᵉ al.*)

D'après les notes des professeurs, le secrétaire dresse une liste des étudians qui seront appelés à l'assemblée du jeudi, soit pour connaître le jour où ils devront subir leur examen, soit pour tirer au sort les matières qui devront faire le sujet de leur thèse. (Voy. *ci-après § 4.*) Faute par l'étudiant de se présenter à l'assemblée du jeudi, ou de s'y être fait représenter par un de ses condisciples, il ne lui est pas donné jour pour son examen, ou matière pour sa thèse, et même lorsqu'il s'agit d'un examen, il est renvoyé à la quinzaine, à moins qu'il ne trouve, à remplacer, du consentement du Doyen, un des élèves ayant obtenu jour.

A l'heure que le secrétaire leur a indiquée, les candidats viennent attendre, dans une pièce qui précède le bureau de ce dernier, que l'appel ait lieu. Lorsqu'ils entendent leur nom, ils s'approchent pour être introduits par l'appariteur dans la salle où se trouve le professeur désigné par la Faculté pour procéder à cette opération; ce dernier, après s'être assuré par un nouvel appel que les élèves introdùits sont bien ceux qui ont été appelés, leur indique le jour et l'heure de l'examen, ou leur fait tirer au sort leurs matières de thèse.

L'élève qui a vu finir l'appel sans que son nom ait été appelé, doit se présenter, le jour même ou le lendemain, au secrétariat, pour savoir le motif de cette omission, et la faire réparer si elle est involontaire, ou bien lorsqu'elle est fondée sur le refus de quelque certificat, pour prendre les mesures nécessaires afin de faire cesser ce refus; ces mesures consistent à aller trouver le professeur qui refuse de signer le certificat d'assiduité et à lui exposer les motifs pour lesquels on n'était pas à son cours alors qu'il a fait l'appel de votre nom ; l'élève qui peut prouver avoir assisté d'ailleurs aux autres séances obtient toujours main-levée de l'opposition.

Ordinairement, au moins à Paris, on réunit quatre élèves pour le même examen, qui dure alors deux heures, (l'article 50 du decret du 4 complémentaire an XII, défend de réunir plus de huit élèves à un même examen.)

4. **PREMIER EXAMEN.** Peut être subi aussitôt après l'ouverture du quatrième trimestre (1) de la première année d'étude.

DEUXIÈME EXAMEN. Peut être subi aussitôt après l'ouverture du huitième trimestre.

TROISIÈME EXAMEN. Peut être subi dans le cours du dixième trimestre, et avec une permission spéciale accordée par le conseil royal dans le courant du neuvième.

QUATRIÈME EXAMEN. Peut être subi dans le courant du onzième, et avec une permission spéciale du conseil royal dans le courant du dixième.

PREMIÈRE THÈSE. Peut être soutenue aussitôt après l'ouverture du douzième trimestre.

CINQUIÈME EXAMEN. Peut être soutenu dans le cours du quatorzième, et avec une permission spéciale dans le cours du treizième.

SIXIÈME EXAMEN. Peut être soutenu dans le cours du quinzième trimestre, et avec une permission spéciale dans le cours du quatorzième.

(1) C'est ici le lieu d'indiquer la durée des trimestres et la division de l'année scolaire.

Les Cours commencent dans les premiers jours de novembre et finissent, en général, dans le courant du mois d'août.

A Paris le grand nombre d'examens et de thèses qui se soutiennent à la fin de l'année scolaire, force les professeurs à cesser leurs leçons dès les premiers jours d'août, quelquefois même à la fin de juillet.

Outre les grandes vacances qui durent depuis le 1er septembre jusqu'au 1er novembre (*Loi du 10 février* 1806, *art.* 1), il y a suspension des leçons et des examens ou thèses, à Pâques, du mercredi avant la Fête au mercredi suivant, et à la Pentecôte, pendant toute la semaine qui suit cette fête.

L'année scolaire est divisée en quatre trimestres, savoir : trimestre de novembre, trimestre de janvier, trimestre d'avril et trimestre de juillet. Le premier et le dernier ne durent réellement chacun que deux mois, à cause des vacances; encore les leçons pendant le trimestre de juillet finissent-elles ordinairement au commencement du second mois,

DEUXIÈME THÈSE. Peut être soutenue aussitôt après l'ouverture du seizième trimestre. (*Déc. du 3 juillet* 1806, *art.* 1.)

Toutefois, on n'est admis à ces divers examens ou thèses qu'autant que les trimestres d'études dont on doit justifier sont corroborés par des certificats d'assiduité émanés des professeurs dont on a dû suivre les cours pendant le même temps.

Dans le cas où, après avoir fait dans une Faculté de province un certain temps d'études, un élève se présenterait pour subir des examens à Paris, il devrait joindre aux certificats d'assiduité des professeurs de la Faculté de droit de Paris, des certificats émanés des professeurs dont il aurait suivi ou dû suivre les cours dans la Faculté de province. L'assiduité est une condition tellement nécessaire pour être admis à un examen, que lorsque le diplôme d'un grade doit être délivré après un examen ou une thèse, comme par exemple le diplôme de bachelier après le deuxième examen, les diplômes de docteur et de licencié après la première et la deuxième thèse, l'impétrant ne peut en obtenir la délivrance qu'autant qu'il justifie de son assiduité pendant la fin du trimestre, au commencement duquel on l'a admis à subir l'examen ou l'acte public. (*Ibid.*)

5. Les interrogations terminées, les professeurs passent au scrutin pour savoir si le candidat peut être admis; ce scrutin a lieu au moyen de boules de diverses couleurs, que les examinateurs déposent dans une urne.

Il y a trois sortes de boules ; des blanches, des rouges et des noires. Les premières indiquent que l'élève a été jugé fort instruit; les deuxièmes, que, sans être content de ses réponses, ses examinateurs n'ont pas cru devoir l'ajourner; les troisièmes, qu'ils n'ont pas cru pouvoir admettre le candidat.

Quelque soit le nombre de votans, la présence de deux boules noires dans l'urne entraîne le rejet.

Le scrutin est secret, individuel, et, de la part de chaque professeur, s'exprime par une seule boule.

Le secrétaire annonce aux élèves le résultat du scrutin, le procès-verbal est signé sur-le-champ. Le jugement ne peut être révoqué que pour erreur matérielle, cependant la Faculté de droit de Paris est revenue sur un jugement de rejet, par cette considération que la personne qui en avait été l'objet n'avait pu connaître le programme de l'examen auquel elle avait échoué.

6. Les aspirans au titre de licencié, immédiatement après leur troisième examen, et ceux au doctorat, immédiatement après leur premier examen de ce grade, sont admis à tirer au sort la matière de Droit français et de Droit romain, qui devra faire l'objet de leur thèse. A cet effet, chaque candidat tire un numéro qui correspond à cette double indication dans une liste de sujets de thèses que la Faculté arrête à des époques plus ou moins éloignées.

Le secrétaire remet à l'élève un bulletin sur lequel se trouve transcrit le titre des matières échues au sort, et où se trouve également indiqué le nom du professeur sous la présidence duquel l'acte public devra être soutenu.

L'élève rédige sa thèse de manière à présenter, avec l'analyse succincte des principes de la matière, un énoncé des questions les plus controversées de son sujet, considéré tant dans le Droit romain que dans le Droit français. Ce travail achevé, l'élève le présente à son président pour qu'il lui fasse indiquer le jour où il pourra soutenir l'acte public. Ce jour est ordinairement le vendredi ou le samedi de la semaine suivante. Mais, vers la fin de l'année, le grand nombre de candidats qui se trouvent prêts en même temps, est souvent cause qu'une partie seulement de ceux qui sont présentés peuvent obtenir jour pour la semaine qui suit la remise de leurs thèses; il est alors d'usage que chaque président ait une liste où il inscrit les élèves au fur et à mesure que leurs thèses sont agréées par lui, et c'est dans l'ordre de cette inscription qu'ils sont ensuite présentés. — De plus, on dresse au secrétariat une liste générale des élèves qui déclarent vouloir soutenir leur thèse avant les vacances, et le Doyen, au vu de cette liste et d'après les notes qui sont remises par les présidens, destine aux thèses un jour de plus par semaine, ou réserve pour ce genre d'épreuves, les 8 ou 10 derniers jours du mois d'août. — Faute de s'être fait inscrire sur cette dernière liste, avant le délai fatal annoncé par une affiche qu'on appose vers la fin de juillet dans l'intérieur de l'école, ou au secrétariat, les aspirans à la licence courent le risque de n'être admis à soutenir leur thèse qu'après les vacances.

Lorsque les thèses ont été agréées et que la consignation a eu lieu, la Faculté, sur la demande du président de la thèse, détermine le jour et l'heure où cette épreuve devra être soutenue.

Il en est donné connaissance à l'étudiant par la voie du secrétariat; et sa thèse lui est remise par son président, qui devient, par la signature qu'il y appose, responsable des opinions qui y sont émises, sous le rapport de la religion, de l'ordre public et des mœurs. (*Statut du 9 avril* 1825, *art.* 41.) (1)

L'élève peut faire imprimer sa thèse par qui il lui plaît, mais lorsqu'il ne s'adresse point à l'imprimeur ordinaire de la Faculté, un bon du Doyen devient nécessaire.

Au jour fixe, l'élève revêtu de la robe noire, se place dans une tribune au-dessous de l'estrade où siègent les juges de l'épreuve.

Ces juges sont ordinairement cinq : trois professeurs titulaires, y compris le président, et deux suppléans (2).

L'élève commence par donner lecture de ses *positions*, sans que cette lecture puisse employer plus de cinq ou six minutes; il est ensuite argumenté pendant un quart d'heure au moins par son président, qui passe ensuite la parole au plus ancien des professeurs. Celui-ci, après avoir argumenté, la passe à un autre professeur; et ainsi de suite, jusqu'à ce que l'heure de l'épreuve soit écoulée.

Le président déclare alors que la séance est levée; et les juges se

(1) Si une thèse répandue dans le public n'était pas conforme au manuscrit qui aurait été soumis à l'examen du président, ou si elle avait été imprimée avant que le manuscrit eût été revêtu de sa signature, elle serait censée non avenue. (*Ibid. art.* 42.)

(2) Aucune loi ne détermine le nombre des examinateurs à la thèse; mais on a pensé qu'il ne devait pas être moindre qu'à l'examen qui la précède. On appelle ordinairement un examinateur de plus pour donner plus de solennité à cet acte.

retirent dans la salle des délibérations. Leur décision est annoncée au candidat par le secrétaire qui dresse procès-verbal de cette épreuve, comme il a dû le faire de tous les examens, à l'époque où ils ont été subis.

Si le scrutin a offert deux boules noires, l'élève est ajourné.

Si le scrutin n'en a offert qu'une, le candidat est admis, et le secrétaire est chargé d'expédier le certificat d'aptitude et de procurer le diplôme de licencie, sans qu'il y ait de nouveaux frais.

Si le candidat n'a eu que des boules blanches, on lui annonce qu'il est *reçu avec éloge*, et on tient note de cette circonstance favorable.

7. L'élève ajourné à un examen ou à une thèse ne peut se représe..ter avant le délai d'un mois pour subir une nouvelle épreuve (1).

Toutefois il peut obtenir l'abréviation de ce délai en en formant la demande auprès de la Faculté, et il sera convenable dans ce cas qu'il s'assure par une démarche particulière auprès des professeurs qui l'auro t examiné, s'ils sont disposes à etre favorables à sa demande. Dans le cas où elle ne serait pas accueillie, l'étudiant n'aurait plus qu'à atte.dre l'expiration du delai, il ne pourrait à moins d'une autorisation speciale, se presenter devant une autre Facu.té tant qu'il n'aurait pas purge son ajournement; le Conseil royal par une decision rendue le 26 avril 1828, s'étant reservé le droit d'accorder aux élèves ajournés la faveur d'aller subir devant une autre Facu.té l'épreuve a laquelle ils ont d'abord échoue.

La perte d'argent, celle du temps et le désagrement d'éprouver de continuels échecs, qui, trop souvent repetes, ne laissent aucune excuse à ceux qui les essuient, telles sont les consequences de l'ajournement; il parait qu'à une certaine époq e l'etudiant qui avait été repoussé à trois reprises différentes, perdait le benefice de toutes les inscriptions anterie res: la disposition de la l i qui le décidait ainsi n'a pas été abrogee, mais on ne la retrouve plus; elle ne no s est révélée que par des décisions ministérielles qui en impliquent l'existence.

CHAPITRE V.

§ 1er. *Droits relatifs aux Grades.*

§ 2. *Détail des Frais que nécessitent l'obtention des différens grades.*

§ 3. *Comment ces frais peuvent être augmentés; à quelle époque ils se paient.*

§ 4. *A quelles personnes il est fait remise de ces droits.*

1. Les droits relatifs aux grades sont de trois sortes, savoir: les droits d'inscrip ion aux cours, les droits d'.xamens, les droits de diplômes. (*Déc. 17 fevrier* 1809, *art.* 1.)

2. En supposant que les aspiras aux différens grades n'aient encouru la perte d'aucune inscription et n'aient eu à recommencer a.cune epreuv , voici les frais établis au profit de la Faculte, de l'A-

(1) Est assimilé à l'élève ajourné celui qui se retire de l'épreuve sans que les professeurs qui l'examinent y aient formellement autorisé.

cadémie ou de l'Université, pour l'obtention de chacun desdits grades, d'après les dispositions législatives (*décrets des 4 complémentaire an XII, 17 mars 1808, et 17 février 1809.*)

1° *Certificat de Capacité.*

Quatre inscriptions à quinze francs.	60 fr.
Droit d'examen.	30
Droit du *Certificat de Capacité.*	40
	130

2° *Diplôme de Bachelier.*

Huit inscriptions à 15.	120 fr.
Premier examen.	60
Deuxième examen	60
Diplôme ou Certificat d'aptitude.	50
Droit de sceau.	36
	326

3° *Diplôme de Licencié.*

Il faut compter d'abord ce qui a été payé pour arriver au Baccalauréat, ci.	326 fr.
Quatre nouvelles inscriptions, formant la troisième année d'études.	60
Premier examen de Licence.	90
Deuxième examen *idem.*	90
Thèse ou acte public.	120
Diplôme ou Certificat d'Aptitude.	80
Droit de sceau.	48
	814

4° *Diplôme de Docteur.*

D'abord, ce qui a été payé pour arriver au grade de Licencié.	814 fr.
Quatre inscriptions nouvelles.	60
Premier examen de Doctorat.	90
Deuxième examen.	90
Thèse ou acte public.	100
Diplôme de docteur.	148
Droit de sceau.	48
	1350

3. Les frais sont augmentés lorsque l'élève a encouru la perte de quelque inscription, ou a été ajourné à une ou plusieurs de ses épreuves. (1)

(1) En cas d'ajournement, on ne consigne de nouveau que les sommes indiquées dans ce tableau comme étant le prix du diplôme ou du certificat d'aptitude. (*Décret du 17 février 1809, art. 8.*)

On peut y ajouter, comme frais accessoires :

1° Le loyer des robes pour subir les examens ou thèses, à raison de 3 fr. pour chaque épreuve ; (*Statut du 13 juillet* 1810, *art.* 14.)

2° Les frais d'impression de thèse : qui varient suivant l'étendue de la thèse, mais dont le *minimum* est d'environ 20 fr.

3° La somme de trois francs donnée au portier de l'école pour prix de la distribution de la thèse aux professeurs de l'école qui doivent y assister. (1)

4. L'élève qui a remporté le prix d'honneur au concours général est dispensé de payer aucun droit pour sa réception aux différens grades conférés par l'université.

Les fils de professeurs et suppléans de professeurs des Facultés de Droit, peuvent tout le temps que ceux-ci seront en exercice de leurs fonctions ou lorsqu'ils seront morts durant le même exercice, sont admis gratuitement aux études et à la réception de tous les degrés dans ces Facultés à la charge de se conformer à tout ce qui est prescrit par les lois et règlemens concernant l'étude du Droit. (*Décret du 25 janvier* 1807, *art.* 1.)

(1) Tels sont les seuls frais accessoires auxquels sont obligés les étudians en Droit dans la Faculté de Paris, des mesures ayant été prises pour qu'il ne dépendît d'aucun employé de hâter ou de retarder la délivrance d'aucune pièce, il ne doit rien exiger des étudians au-delà du tarif que nous venons de faire connaître.

FIN DU CODE DE L'ÉTUDIANT.

Appendice.

APPENDICE.

DEUXIÈME EXAMEN.

CODE CIVIL.

Livre III. Depuis l'article 711 jusqu'à l'article 1386.

CODE DE PROCÉDURE CIVILE.

PREMIÈRE PARTIE.

Procédure devant les tribunaux.

Livre Ier. De la justice de paix en entier.
Livre II. Des tribunaux inférieurs.
 Titre 1er. De la conciliation.
  2. Des ajournemens.
  3. Constitutions d'avoués et défenses.
  4. De la communication au ministère public.
  5. Des audiences.
  7. Des jugemens.
  8. Des jugemens par défaut et oppositions.
  9. Des exceptions.
  12. Des enquêtes.
  15. De l'interrogatoire sur faits et articles.
  16. Des incïdens.
  17. Des reprises d'instances, et constitution de nouvel avoué.
  18. Du désaveu.
  22. De la péremption.
  23. Du désistement.
  24. Des matières sommaires.
  25. Procédure devant les tribunaux de commerce.
Livre III. Des cours royales en entier.
Livre IV. Des voies extraordinaires pour attaquer les jugemens.
 Titre 1er. De la tierce-opposition.
  2. De la requête civile.

Livre V.   De l'exécution des jugemens.

 Titre 6. Règles générales sur l'exécution forcée des jugemens
   7. Des saisies-arrêts ou oppositions.
  16. Des référés.

DEUXIÈME PARTIE.

Sur les procédures diverses.

Seulement le livre III des arbitrages et des dispositions générales jusqu'à la fin.

CODE D'INSTRUCTION CRIMINELLE.

De l'article 1 à 7, 137 à 216, 310 à 341, 635 à 643.

CODE PÉNAL.

De l'article 1er à l'article 74.

TROISIÈME EXAMEN. — PREMIER DE LICENCE.

Consignation...................... 90 fr.

 Les Instituts de Justinien en entier.
 Le VIe livre des Pandectes.